AF252689

JEAN-JEAN DON JUAN,

PARODIE EN CINQ PIÈCES

DE

DON JUAN D'AUTRICHE,

AVEC UN PROLOGUE,

1re pièce, *LE PRÉCEPTEUR DANS L'EMBARRAS*; 2e pièce, *BRITANNICUS*; 3e pièce ; *LES VICTIMES CLOITRÉES*; 4e pièce, *LA JUIVE*; 5e pièce, *LES BÉDOUINS*;

Par MM. de Rougemont, Dupeuty et Achille Dartois,

REPRÉSENTÉE POUR LA PREMIÈRE FOIS, A PARIS, SUR LE THÉATRE DES VARIÉTÉS, LE 15 DÉCEMBRE 1835.

PERSONNAGES.	ACTEURS.	PERSONNAGES.	ACTEURS.
LE DIRECTEUR....	M. Prosp. Gothi.	FLEURDINDE.	Mlle Flore.
BONNE-A-RIEN....		BARBEGRISE.......	Mlle Caroline.
FLORIDOR.........	M. Francisque aîné.	BARBEBLEUE.......	Mlle Irma.
FANFAN LATULIPE		BARBEROUSSE.....	Mlle Anaïs.
P. MAL-EN-SCÈNE...	M. Cazot.	MOINILLONS.	
QUEXADI..........	M. Rébard.	DOMESTIQUES.	
L'INUTILE..........	M. Lamarre.	BÉDOUINS.	
UN DOMESTIQUE...	M. Gustave.	BOURGEOIS.	
POPULO...........	Mme Herfort.	GENDARMES.	

PROLOGUE.

Le théâtre représente une chambre avec plusieurs portes.

SCENE PREMIERE.

LE DIRECTEUR, seul.

En vérité, les Avalonnais me feraient donner à tous les diables!..... quel métier que celui de directeur en province!... les abonnés sont insatiables... ils veulent toujours du nouveau! je fais tout ce que je peux pour leur en procurer... mais du nouveau, on n'en fait pas tous les jours... et puis, ces correspondans de Paris sont si maladroits!... je leur demande *Zampa...* ils m'envoyent *le Festin de Pierre; Cosimo!...* ils m'adressent *le Prince ramoneur; le Porte-faix!...* ils m'expédient *le Jardinier de Valence!...* Mais cependant les amateurs d'Avalon... n'ont pas à se plaindre... mon répertoire moderne est excessivement varié. *Henri III...* ou *l'Adultère..... Antony...* ou *l'Adultère..... Un de Plus...* ou *les Deux Adultères....., Angélo...* ou *les Trois Adultères....., la Tour de Nesle...* ou

3e ANNÉE.   T. 1er.

les Quatre Adultères..... il n'y a rien de plus à la mode que ce répertoire-là.

AIR : *Un homme pour faire un tableau.*

Mais peut-être est-il trop connu,
Alors ça devient monotone,
L'adultère est si répandu
Qu'il n'intéresse plus personne ;
Car si l'on cherchait à compter
Les maris trompés à la ronde,
Je crois qu'il faudrait remonter
Jusqu'au premier homme du monde.

Encore si ce Floridor, mon premier rôle, qui est en représentation à Paris, revenait avec quelques nouveautés !..... neuves ou vieilles, j'en choisirais deux ou trois, et je les ferais avaler à Avalon... ça leur ferait prendre patience... Eh mais !... je ne me trompe pas... c'est lui.

SCÈNE II.

FLORIDOR, LE DIRECTEUR.

LE DIRECTEUR. Eh bien ! voilà comme tu arrives !...

FLORIDOR. Rien dans les mains, rien dans les poches... et cependant je vous apporte une pièce curieuse... *Don Juan.*

LE DIRECTEUR. Diable !... cela approche de Molière...

FLORIDOR. D'un peu loin.

LE DIRECTEUR. Tu dis : *Don Juan...*

FLORIDOR. *D'Autriche.*

LE DIRECTEUR. Ah ! oui... en vers.

FLORIDOR. Non, en prose...

LE DIRECTEUR. Je m'y perds ; en prose ?...

FLORIDOR. L'auteur est de l'Académie, il ne veut pas humilier ses confrères.

LE DIRECTEUR. Mais j'ai connu un *Don Juan* en vers...

FLORIDOR. Il est défunt.

LE DIRECTEUR. Bah !

FLORIDOR. Comme feu Duponchel, feu Paganini, feu Malibran et cinquante autres feu, qui, Dieu merci, se portent à merveille.

LE DIRECTEUR. Donne-moi la brochure.

FLORIDOR. La brochure !... inutile..... c'est imprimé depuis long-tems.

LE DIRECTEUR. Où donc ?

FLORIDOR. Dans notre répertoire... aussi avant d'entrer, j'ai prévenu tous nos camarades... ils se costument, et repassent leurs rôles pour la répétition générale..... et demain... sur tous les murs d'Avalon.... une affiche d'un mètre de long sur deux aunes de large : Les comédiens très ordinaires du cinquième arrondissement de l'Yonne donneront aujourd'hui la première représentation de *Don Juan d'Autriche,* en cinq actes : premier acte, *le Précepteur dans l'embarras* ; deuxième acte, *Britannicus* ; troisième acte, *les Victimes cloîtrées.*

LE DIRECTEUR. Nous n'en n'avons pas : en fait de *Victimes cloîtrées,* nous n'avons que *les Visitandines.*

FLORIDOR. On s'en servira, *l'habit ne fait pas le moine.* Quatrième acte, *la Juive* ; cinquième acte, *les Bédouins.*

LE DIRECTEUR. Mais c'est donc une farce...

FLORIDOR. Une farce héroï-comique... charmante, pleine de gaîté, d'esprit, de rébus... de quolibets... on y rit... on se croirait chez Brunet...

AIR : *Vaudeville de l'Homme vert.*

Elle appartient au romantique
Par sa singulière action,
Mais elle appartient au classique
Par quelques éclairs de raison,
Elle appartient par l'accessoire
Au vieux mélodrame à fracas...
Je ne vois guère que l'histoire
A laquelle ell' n'appartient pas...

Allons vite nous habiller, moi pour le premier... vous pour le deuxième acte.

LE DIRECTEUR. Mais je ne sais pas mon rôle ?

FLORIDOR. Vous n'avez rien à dire.

LE DIRECTEUR. Alors je le sais. (*Il frappe avec sa canne.*) Pan... pan... pan... (*Aux musiciens.*) Une petite ouverture... *les Folies d'Espagne,* et commençons.

FIN DU PROLOGUE.

JEAN-JEAN DON JUAN,

PARODIE EN CINQ ACTES.

ACTE PREMIER.

SCENE PREMIERE.

QUEXADI, *seul.*

(Il s'avance et salue le Public.)

Messieurs, Il nous est survenu deux acteurs de moins... ils devaient remplir les rôles des deux domestiques... mais comme ils nous sont essentiellement inutiles..... nous sommes bien décidés à nous en passer !.. (*Il salue et va pour se retirer, mais il s'arrête et revient.*) Ah! j'oubliais de vous parler d'une chose... n'ayant personne avec qui causer pour le quart-d'heure... et cependant étant absolument forcé de causer avec quelqu'un... voulez-vous me permettre, entre nous, une légère exposition?... Il y avait une fois... non pas un roi et une reine... mais un commissaire de police..... appelé Crécoquin! ce magistrat irréprochable eut la bizarre idée de se retirer aux Victimes cloîtrées pour y faire pénitence... laissant à son fils légitime... au fils de sa femme, Fanfan Latulipe, la survivance de son écharpe... Mais voilà qu'il possédait un autre garçon... un fruit de la nouvelle école..... un enfant naturel qu'il avait eu tout naturellement... comme il destinait le susdit fruit à faire l'ornement des frères ignorantins... il me confia le jeune Jean-Jean, sous la surveillance de Fanfan Latulipe, avec promesse d'une pension, si je parvenais à ne rien lui apprendre..... Sans me flatter, j'avais tout ce qu'il fallait pour faire une pareille éducation... et j'ai réussi, j'en ai fait un idiot. Enfin, messieurs, le jeune homme, sous prétexte qu'il est né un premier janvier, croit que c'est moi qui lui ai fait cadeau de l'existence pour ses étrennes... S'il y a dans la salle quelqu'un qui ne m'ait pas bien compris... je vais recommencer. Il y avait...

UNE VOIX, *dans la salle.* C'est inutile monsieur Rébard! j'ai vu la pièce aux *Français.*

QUEXADI. En ce cas, allez la musique. (*L'orchestre joue l'air :* Je n'y puis rien comprendre.) *L'acteur bat les premières mesures, puis il reprend son rôle.*) Voyons si Jean-Jean, si mon élève a entr'ouvert une paupière ou deux. (*Il va écouter à la porte à droite.*) Non : l'innocent dort comme un serpent boa !... et moi qui ai la cruauté de l'enfermer à double tour... ah! c'est vraiment *la Précaution inutile.*

SCENE II.

QUEXADI, JEAN-JEAN

(Ce dernier a une houppelande sur son habit.)

JEAN-JEAN, *entrant par la porte du milieu.* Brou! La nuit a été fraîche... (*il éternue*) atchi !...

QUEXADI, *sans voir.* Dieu vous bénisse! (*Il se retourne.*) C'est toi! c'est vous !.. c'est lui.

JEAN-JEAN. Oui, papa; c'est moi qui viens de passer la nuit dehors !

QUEXADI. Dehors !... comme il m'a mis dedans!

JEAN-JEAN. J'ai passé toute la nuit à jouer du flageolet sous les fenêtres de ma belle.

QUEXADI. Tu as une belle !

JEAN-JEAN. Oui, depuis que j'avais quitté l'autre.

QUEXADI. Tu avais deux belles? Silence, silence, jeune vipère.

JEAN-JEAN. Mon respectable père, il est tems de déchirer le nuage qui me couvre à vos yeux et de me montrer à vous sous l'aspect le plus désagréable !... Je suis un bambocheur fini, un être dévoré de toutes les passions humaines !.... La vérité m'échappe malgré moi.

(Il ouvre sa houppelande et laisse voir un enfant de trois ans qui se met à courir.)

QUEXADI, *stupéfait*. Un être vivant! et dans l'âge le plus tendre. Je n'ai plus de voix!... je suis *sans son!*

(Air *de l'Apothicaire*. Etc., etc.)

JEAN-JEAN. On veut me faire coucher à huit heures!.. merci... j'aime les étoiles!... il faut des clairs de lune à mon imagination délirante..... de l'air..... de l'air... il me faut de l'air...

QUEXADI. Et malheureux! tu as trois croisées de face.

JEAN-JEAN. Papa.

L'ENFANT. Grand-papa.

QUEXADI. Mon fils, je ne suis pas ton père, (*à l'enfant*) encore moins votre grand-papa!

JEAN-JEAN. Que dites-vous?... vous n'êtes pas l'être qui m'a donné l'être!... à qui ai-je donc l'obligation du jour que j'ai l'habitude de respirer?

QUEXADI. Votre excellent père vous a abandonné et votre vertueuse mère n'a jamais voulu entendre parler de vous.

JEAN-JEAN. Et bien! j'aime mieux ça.

QUEXADI. Si tu voulais te contrefaire un peu devant un monsieur qui va venir... M. Vincent...

JEAN-JEAN. Vincent!... connais pas.

QUEXADI. Sois gentil... dis que tu ne sais rien... que je ne t'ai rien appris; ça peut me faire le plus grand honneur. (*Montrant l'enfant, on entend du bruit.*) Ah! mon Dieu! c'est lui. (*Au moment où Fanfan Latulipe entre, il fait passer l'enfant sous sa houppelande.*) Cachons ça vite là-dessous, Coco, et ne remue pas.

SCÈNE III.

LES MÊMES, FANFAN LATULIPE.

LATULIPE. Eh bien! Quexadi, voilà dix minutes que je fais le pied de grue dans ton cabinet! (*Montrant Jean-Jean*) Est-ce là l'objet en question?

QUEXADI. Oui, seigneur Latulipe. (*Latulipe lui fait un signe.*) Oui, monsieur Vincent, j'espère que vous serez content, c'est une demoiselle pour la timidité. (*Donnant une tape à Coco.*) Coco, tu me marches sur les pieds. (*A Latulipe.*) Il ne faut pas le brusquer.

LATULIPE. C'est bon... c'est bon. (*A Quexadi.*) Mais qu'est-ce que tu as donc?...

tu as l'air inquiet... embarrassé... on dirait une poule qui couve ses petits.

QUEXADI, *se rajustant*. C'est que..... c'est que... (*à part*) j'en couve un.

LATULIPE, *à Quexadi*. J'ai ta pension dans ma poche.

QUEXADI. J'aimerais mieux qu'elle fût dans la mienne. (*Bas à Jean-Jean.*) Jean-Jean, je t'en supplie, que tout ça reste sous le manteau... oh! là! là!...

JEAN-JEAN. Qu'avez-vous donc?

QUEXADI. C'est ta postérité qui me mord les mollets.

LATULIPE. Eh bien!

QUEXADI. Je sors... je sors... (*Bas.*) Tu vas me le payer, petit gueusard.

(Il entre à droite.)

SCÈNE IV.

LATULIPE, JEAN-JEAN.

JEAN-JEAN, *à part*. Ce crispin-là ne me revient pas du tout.

LATULIPE, *à part*. Voilà donc le bâtard de mon père... diable m'emporte, il lui ressemble plus que moi... il y a peut-être des raisons pour ça... qui sait? (*Il va à lui.*) Bonjour, mon jeune ami.

JEAN-JEAN. Son ami... allons, il n'est pas si diable qu'il est noir...

AIR : *Bonjour, mon ami Vincent...*

LA TULIPE. Prends un siége, Jean-Jean, et tâchons de parler français.

JEAN-JEAN, *s'asseyant*. Oh! ce n'est pas la langue qui me manque.

LATULIPE. Quexadi m'a dit que tu étais parfaitement imbécile, que tu buvais de l'eau comme un canard, et que tu n'avais jamais touché le bout du doigt de la plus belle moitié du genre humain.

JEAN-JEAN. Partons d'un point : je ne connais que trois choses dans le monde qui aient le sens commun... le canon sur le comptoir, la pipe et le bal d'Idalie.

LATULIPE. Quoi! tu bois des petits verres?... tu fumes... et tu danses le cancan?

JEAN-JEAN. Oui, et vous?

LATULIPE. Elle est gentille, la demoiselle, pour sa timidité.

JEAN-JEAN. Parlons d'un point. La femme d'abord... la femme libre et sentimentale!... Qu'est-ce que nous serions, vous et moi, s'il n'y avait pas de femmes?... Le vin!... le bon surtout, connaissez-vous rien de plus enivrant, après le Cognac... Et la pipe donc?... est-ce que tous les humains ne fument pas, plus ou moins? Depuis le modeste tabac de caporal jusqu'au fastueux cigare à quatre sous!

LATULIPE. Ah! c'est trop fort de tabac!

JEAN-JEAN. Est-ce que vous avez des fourmis dans les jambes?

LATULIPE. J'ai... j'ai... que je fume en vous écoutant.

JEAN-JEAN. Quand je vous le disais!

LATULIPE. Tu seras ignorantin, Jean-Jean!... ou toute ta vie tu ne seras qu'un ver de terre.

JEAN-JEAN. L'ami Vincent... un homme de 1 mètre 70 centimètres ne sera jamais un ver de terre.

LATULIPE. Farceur!

JEAN-JEAN. Avez-vous connu l'amour?

LATULIPE. L'amour!... un petit blond qui est censé fils de Vénus.

JEAN-JEAN. Avez-vous aimé?

LATULIPE. Aimé!... j'ai aimé comme un ours... comme un lion, comme un tigre...

JEAN-JEAN. Comme une grosse...

LATULIPE, *l'interrompant.* Tu as dit le mot, j'aime une femme à l'heure qu'il est.

JEAN-JEAN. Moi aussi, c'est une femme que j'aime.

LATULIPE. Une blonde!

JEAN-JEAN. Idem.

LATULIPE. Grassouillette.

JEAN-JEAN. Idem.

LATULIPE. De dix-sept et plusieurs printems.

JEAN-JEAN. Idem.

LATULIPE. Je ne sais ni son nom ni sa demeure.

JEAN-JEAN. Moi, je suis plus avancé... je sais le nom de ma Fleurdinde... et quant à sa demeure... en boutique, charcutière.

LATULIPE. Et vous ne lui avez rien promis?

JEAN-JEAN. Rien que le mariage... et pas autre chose avec.

L'ENFANT *crie dans la chambre.* Hoin!

LATULIPE. Qu'est-ce que j'entends là?

JEAN-JEAN. C'est un chat qui miaule.

LATULIPE. Ces petits animaux ont le diable au corps pour imiter les enfans... Jean-Jean, tu me conduiras ce soir chez ta Dulcinée.

JEAN-JEAN. Moi!... écoutez, l'ami, c'est la première fois que je vous vois... Depuis une heure, vous me blaguez comme un homme de six pieds.

LATULIPE. Ainsi vous me refusez?

JEAN-JEAN. Au contraire... j'ai caché Fleurdinde à toutes mes connaissances, je vous la ferai voir, à vous que je ne connais pas. Voici son adresse.

LATULIPE. Et si elle est de mon goût vous l'épouserez.

JEAN-JEAN. C'te bêtise!... A ce soir huit heures.

LATULIPE. Convenu.

(Ils se prennent la main.)

SCENE V.

Les Mêmes, QUEXADI.

QUEXADI, *en entrant.* J'ai laissé l'enfant tête à tête avec un bâton de sucre d'orge.... ils s'entendent très-bien... (*Apercevant les deux frères.*) Et eux aussi!... Ah! j'aurai ma pension.

LATULIPE. Je vous fais compliment sur l'éducation de monsieur.

JEAN-JEAN. Il est enchanté de mes vertus.

LATULIPE. Je vais vous donner ce que j'ai dans ma poche.

L'ENFANT, *en criant.* Papa! papa!

QUEXADI. Je suis ruiné.

LATULIPE. Ah! ce n'était pas un animal domestique!

L'ENFANT, *entrant.* Je veux voir papa... je veux voir papa.

QUEXADI. Le voilà, ton papa! (*Il court à l'enfant et le prend dans ses bras.*) Je prends l'enfant sur moi.

LA TULIPE.

AIR Marchons. (Fernand Cortez.)

Comment
Ce bel enfant,
Vieillard, est à toi, c'est fort drôle.

QUEXADI.

Oui, j'en fais le serment,
C'est vraiment
Mon enfant !

(*A part.*)

C'est mentir, j'en conviens,
Mais il faut bien
Remplir son rôle,

Et le mien n'est-il pas
Le précepteur dans l'embarras.

ENSEMBLE.

Comment
Ce bel enfant, etc.

FIN DU PREMIER ACTE.

ACTE II.

BRITANNICUS.

SCÈNE PREMIÈRE.

FLEURDINDE, BONNE-A-RIEN.

Au changement Fleurdinde arrive suivie de Bonne-à-rien : elle a des papillotes imitant une couronne de roses blanches. Elle court à petits pas très-pressés et s'arrête subitement sur le devant de la scène.)

FLEURDINDE, *faisant une petite révérence au public.* Bonjour, messieurs, vous ne me connaissez pas encore.... Je suis Fleurdinde, et celle-ci est ma soubrette, parfaitement surnommée Bonne-à-Rien.... Je vous demande pardon, si je me présente à vous en papillotes, mais c'est pour la scène de la toilette.... (*Allant s'asseoir en face de la glace.*) Allons, Bonne-à-rien, délivre les anneaux captifs de ma chevelure, mets-moi des mouches et couronne-moi de papillons. Imaginez-vous que pour ne pas effaroucher mon amant, je lui ai caché que j'étais la cousine du Juif-errant, et que pour mieux dépister les chiens, je me suis établie charcutière; oui, messieurs, j'ai vendu de cet animal immonde dont le nom sert communément à désigner les personnes d'une propreté équivoque.

BONNE-A-RIEN. Vous en avez même mangé, maîtresse.

FLEURDINDE. C'est vrai... Je ne le méprise nullement, à la sauce piquante (*Se levant.*) Mais voilà *le hic* :

AIR *du Premier prix.*

Aujourd'hui, je n'sais comment faire
Pour lui dir' tout, pour le prévenir,
Ça venait tout seul au contraire
Lorsqu'il s'agissait de mentir.

(*Cherchant.*)

Pas un mot, pas une pensée,
Vraiment c'est un' curiosité
Comme un' femme est embarrassée
Quand il faut dir' la vérité.

Je m'adresserais bien à un ancien farceur qui doit pas mal de noyaux à feu mon père... oui, mais, m'adresser à lui (*jurant*) Crécoquin... Je ne jure pas, messieurs, c'est le nom de la personne.... le vieil intrigant a quitté le monde civilisé pour se livrer exclusivement à l'horlogerie... quelle petitesse ! (*On entend au dehors jouer sur le flageolet : Je suis Lindor.*) C'est Jean-Jean... c'est son flageolet... je le reconnais à ses notes aiguës... Bonne-à-Rien, va voir là-dedans si j'y suis.

BONNE-A-RIEN, *à part.* Plus souvent.... et les mœurs !

(Elle s'assied.)

SCENE II.

LES MÊMES, JEAN-JEAN.

FLEURDINDE, *courant au devant de lui.* Mon ami, mon amant... mon homme !

JEAN-JEAN. Ma blonde ! depuis deux mois je me suis peut-être fait un peu attendre.

FLEURDINDE, *avec amour.* Flâneur !

JEAN-JEAN. Ne dis pas un mot, tais ta langue de femme... En parlant, tu pourrais dire quelque bêtise... j'aime mieux te regarder entre les deux yeux.

FLEURDINDE. Méchant ! vous me faites loucher !

JEAN-JEAN, *minaudant.* Nous sommes donc bien gentille ?

FLEURDINDE. Vrai ! tu me trouves un physique remarquable ?

JEAN-JEAN. Je te trouve vaporeuse... A propos, dis donc, nous nous marions demain, et pour toujours.

FLEURDINDE, *à part.* Allons, il faut tout

lui dégoiser.... Tâchons d'amener adroitement la conversation.... (*Haut.*) Qu'est-ce que tu penses des juifs ?

JEAN-JEAN. Les juifs ! je les ai en horreur , je les abomine.

FLEURDINDE. Quoi, vous êtes de ces bélitres qui refusent aux juifs toute espèce d'intérêt ?

JEAN-JEAN. Ah ! ça , c'est différent, je leur en ai assez payé de l'intérêt.

FLEURDINDE. Je n'ai plus qu'un mot à te dire, et je vais te l'écrire.

(Elle se met à écrire.)

JEAN-JEAN. Mais, c'est stupide, puisque je suis là.

FLEURDINDE. Tiens, lis... je viendrai savoir s'il y a une réponse. Si elle est favorable, j'entrerai ; si elle ne l'es pas, j'entrerai tout de même.

(Elle fait un signe à Bonne-à-Rien qui sort par la gauche, elle par la droite.)

SCÈNE III.

JEAN-JEAN , *seul.*

Que diable peut-elle avoir mis là-dedans .. Ah ! peut-être des numéros qu'elle a rêvés ! ou des reconnaissances du mont-de-piété !... Et si elle m'annonçait qu'elle m'a fait des traits infâmes.... Puisque j'ai la lettre. au fait, c'est facile à voir.... je ne sais pas pourquoi je ne l'ouvre pas tout de suite. (*Il l'ouvre.*) Dieu ! Dieu d'Israel !

SCENE IV.

JEAN-JEAN, FLEURDINDE *et* BONNE-A-RIEN.

FLEURDINDE , *rentrant.* Est-ce fait ?

JEAN-JEAN. C'est fait.

FLEURDINDE. Eh bien ! tu ne m'envoies pas promener ?

JEAN-JEAN. T'envoyer promener ! mais, les israélites ! c'est une population très-estimable... Les israélites ! comment donc ? des gens fort bien couverts, et parfaitement reçus à la Bourse, honorés de la confiance de tous les souverains de l'Europe.... qui travaillent pour le roi de Prusse et autres particuliers !... Les israélites !... Je n'ai pas de sots préjugés, moi...

Je méprise, je coudoie, j'éclabousse le juif qui est mal mis , et qui n'a pas le sou... mais l'Israélite qui est riche, qui a des voitures et des coupons de rentes, celui-là , je l'aime, je l'estime, je l'honore, je le révère , je lui serre la main, je lui ôte mon chapeau, il est mon ami, il est mon frère !...

FLEURDINDE. Comme ce jeune homme-là est logicien !

JEAN-JEAN. Parce que tu es israélite.

AIR : *Nos Maris en Palestine.*

Que m'importe ton origine,
Moi qui suis né sans témoin ,
Tu m'dirais : je suis Bédouine ,
Que je me ferais Bédouin.
Oui , de la couleur humide
Je barbouillerais mon teint,
Quand j'devrais, comme un pantin ,
Aller faire la pyramide
A la Porte-Saint-Martin ! (*bis.*)

FLEURDINDE. Ah ! j'ai froid, j'ai chaud, je pleure , je ris... je suis en proie aux quatre élémens !

JEAN-JEAN. Et moi, je suis si content, si content, qu'il faut que j'embrasse n'importe quoi.

BONNE-A-RIEN. Présent !

JEAN-JEAN. Je cours chez le notaire, chez M. le maire, je cours commander les fiacres et le festin chez le père Latuile... Je ne connais plus d'obstacles, car il faut dire que ce matin j'ai découvert !

FLEURDINDE. La Méditerranée ?

JEAN-JEAN. Non... J'ai découvert que j'avais un ami... il s'appelle Vincent, à ce qu'il dit, et il va venir te voir.

FLEURDINDE , *à part.* Si c'était cet olibrius qui rôde depuis quelque tems sous mes persiennes.

UN DOMESTIQUE, *annonçant.* L'honorable M. Vincent.

(Il sort.)

SCENE V.

LES MÊMES , LATULIPE, *sous le nom de* VINCENT.

JEAN-JEAN. Mesdames, permettez que je vous présente mon ami Vincent.

FLEURDINDE. Lui !

LATULIPE. Elle !

BONNE-A-RIEN. Dieux !

JEAN-JEAN. Cieux !

LATULIPE. Toi !

FLEURDINDE. Vous !

BONNE-A-RIEN. Quoi !

JEAN-JEAN. Qu'est-ce ?

LATULIPE. Oh ! rien, rien du tout... Je suis dans un état tout-à-fait normal.

FLEURDINDE, *riant*. Je n'ai pas la moindre des choses.

JEAN-JEAN. Dans ma situation, je devrais rester, si j'avais un peu d'esprit ; mais pas si bête ! je sors.

(Il sort vivement, Bonne-à-Rien aussi.)

SCÈNE VI.

FLEURDINDE, LATULIPE.

FLEURDINDE. Comme vous me reluquez... qu'est-ce qui vous prend donc ?

LATULIPE, *la dévorant des yeux*. Ah ! Fleurdinde !

FLEURDINDE. Est-ce que vous êtes ventriloque ? vous parlez comme l'homme à la poupée.

LATULIPE. Fleurdinde, je veux que tu m'aimes ?

FLEURDINDE. Et à cause ?

LATULIPE. A cause.

FLEURDINDE. A cause de quoi ?

LATULIPE. A cause que je suis commissaire.

FLEURDINDE. Quand vous seriez pacha d'Egypte... j'm'en moque pas mal.

LATULIPE. Ton Jean-Jean est un petit mauvais gueux qui se permet de casser les réverbères, de passer la jambe aux vétérans, de faire des poufs dans tous les estaminets, et j'ai contre lui un léger mandat d'amener que je me propose de lui offrir comme un gage de mon estime.

FLEURDINDE. Mais qu'est-ce qui vous a fait c't'homme ?

LATULIPE. Tu as des bontés pour lui malheureuse !

FLEURDINDE. Quelle immoralité !

LATULIPE. C'est possible !..... mais enfin.... enfin, veux-tu m'aimer ?

FLEURDINDE. Ah ! vous êtes un pas grand'chose !

LATULIPE. J'accepte l'épithète, mais il faut choisir.... Regarde ce papier timbré... dis oui, et je te le donne pour envelop-

per de la dinde farcie.... dis non, refuse de correspondre à ma flamme, et ton amant est flambé.

FLEURDINDE. Mais vous me mettez absolument dans la situation de je ne sais plus quelle tragédie ?

LATULIPE. Il ne s'agit pas de cela...'. Ce malotru va revenir,..... il faut lui dire que tu ne peux plus le souffrir.... et le traiter comme un va-nu-pieds.

FLEURDINDE. Eh bien ! tope, j'y consens..... je vous en donne ma parole de femme.

LATULIPE, *à part*. Voudrait-elle me flouer ?

(En sortant.)

Caché près de ses lieux, j'entendrai tout, madame,
Renfermez votre amour dans le fond de votre ame.

(Il entre dans un cabinet.)

SCENE VII.

FLEURDINDE, *seule*.

(Elle lui a fait une révérence très-gracieuse, et quand il a disparu, elle revint sur le devant de la scène avec un geste de fureur.)

Gredin !... heureusement qu'il a affaire à une ingénue qui n'est pas du tout innocente..... J'entends le pas léger de mon amant... pourvu qu'il me comprenne.

SCENE VIII.

FLEURDINDE, JEAN-JEAN.

JEAN-JEAN. Je suis crotté comme un chien de Terre-Neuve.

FLEURDINDE, *élevant la voix du côté du cabinet*. Ah ! vous êtes un joli garçon !

JEAN-JEAN. C'est comme ça que vous me recevez ? (*Fleurdinde lui fait des signes.*) Qu'est-ce qu'elle a donc à faire le télégraphe ?

FLEURDINDE, *très-haut*. Je vous méprise !

JEAN-JEAN. Comment, vous me méprisez...

FLEURDINDE. Vous êtes horrible, mon cher.

JEAN-JEAN, *en colère*. Fleurdinde !

FLEURDINDE, *bas*. Bien, bien, crie plus fort que moi.

JEAN-JEAN, *bas*. Comment, que je crie ?

FLEURDINDE, *très-haut.* Il y a quelqu'un qui nous écoute.

JEAN-JEAN, *à part.* Ah! bon, je devine la charade. (*Haut.*) Vous êtes une je ne sais qu'est-ce... voilà ce que vous êtes.

FLEURDINDE, *le caressant du regard et des mains.* Et toi un grotesque.

JEAN-JEAN. Je t'exècre.

FLEURDINDE. Je t'abhorre!..

JEAN-JEAN. Pas un mot de plus, ou je te maltraite.

FLEURDINDE. Ah! tu bats les femmes!

SCENE IX.

Les Mêmes, LATULIPE.

LATULIPE, *il entre en se frottant les mains.* Eh bien! tu vois, Jean-Jean..... elle ne peut plus te voir en face..... (*Les aperce-vant.*) Quel spectacle!..... La charcutière me jouait un pied... de son métier.

JEAN-JEAN. Eh bien! l'ami Vincent, qu'est-ce que vous pensez de ma Fleurdinde?

LATULIPE, *déclamant.*
Heureux ou malheureux, tu n'es qu'un imbécille.

JEAN-JEAN. C'est ça, lâche-moi des alexandrins; si tu crois qu'on ne te répondra pas
Je connais mal Fleurdinde, ou de tels sentimens
Ne mériteraient pas ses applaudissemens.

A toi, à présent.

LATULIPE.
Du moins, si je ne sais le secret de lui plaire,
Je sais l'art de punir un rival téméraire.

LE SOUFFLEUR, *sortant de son trou.* Mais vous vous trompez, dites donc..... vous récitez-là les vers de *Britannicus.*

LATULIPE. Qu'est-ce que ça te fait, à toi... M. Racine est tombé dans le domaine public, entends-tu... toi, retombe dans ton trou, ou je te prive du souffle.

(Le souffleur disparaît.)

JEAN-JEAN. A mon tour.
Pour moi, quelque péril qui me puisse accabler,
Sa seule inimitié peut me faire trembler.

LATULIPE.
Souhaitez-la,.. c'est tout ce que je puis vous dire.

FLEURDINDE. Et moi donc, est-ce que je ne dois rien?
Le bonheur de lui plaire est le seul où j'aspire.

LATULIPE, *à Jean-Jean.*
Elle te l'a promis, tu lui plairas toujours.

JEAN-JEAN.
Je ne sais pas du moins lui dicter ses discours...
Je la laisse expliquer sur tout ce qui me touche,
Et je ne cherche point à lui fermer la bouche.

LATULIPE. Malédiction, damnation, abomination, je suis dans une exaspération.

FLEURDINDE. Vous allez vous donner une fluxion.

JEAN-JEAN. Mais laisse-le donc.... qu'il se mette en garde, et en deux tems je lui fais voir le tour.

FLEURDINDE. Tu caponnes, Latulipe.

LATULIPE. Moi, caponner!.... eh bien! non... je vais vous prouver que j'ai du courage et que je recule pas, faites entrer quatre gendarmes.

SCENE X.

Les Mêmes, QUEXADI, quatre Gendarmes masqués.

QUEXADI. Il paraît que tout va le mieux du monde.

LATULIPE. Vous êtes une vieille bête.... (*Montrant Jean-Jean.*) Faites empoigner ceci par cela, que cela conduise ceci aux frères ignorantins; qu'on lui mette les poucettes.

LATULIPE. Vous, madame?
Dans votre appartement, suivez-moi sans frayeur.

JEAN-JEAN.
C'est ainsi que Néron sait disputer un cœur!

(Les gendarmes emmènent Jean-Jean; Latulipe donne la main à Fleurdinde et la conduit dans sa chambre.)
Le théâtre change.)

FIN DU DEUXIÈME ACTE.

ACTE III.

UN COUVENT.

SCÈNE PREMIÈRE.

POPULO, *seul.*

(*Il entre en sautant.*)

AIR *connu.*

Oui, je suis un gamin,
Un gamin atroce!
Quoiq'novice', soir et matin
J'fais joliment la noce.

Je vol' les clefs, j'vol les fruits...
Je connais mon affaire,
Enfin du couvent je suis
Le p'tit Robert-Macaire!

Oui, je suis, etc.
Fleurdinde est de bonne foi,
Charmante, mais en somme,
Je soutiens q'c'est encor moi
Qui mérite la pomme.

(*Il en croque une.*)

Oui, je suis un gamin,
Un gamin atroce!
Quoiq' novic', soir et matin
J'fais joliment la noce.

(*On tousse très-fort dans la coulisse.*)

On tousse..... c'est le père Mal-en-Scène, l'horloger de la communauté.
(*L'orchestre joue l'air: Frère Jacques.*)

SCENE II.

POPULO, LE PÈRE MAL-EN-SCÈNE.

LE PÈRE MAL-EN-SCÈNE. (*Il a des horloges, des mouvemens d'horloges, pendules, etc., sur lui. Ces objets pendent, etc. Il appelle.*) C'est singulier! avec mon catarrhe..... ma goutte, mon asthme... douze remords sur la poitrine et ce carillon qui va toujours, je ne puis pas fermer l'œil...

POPULO. Bonjour, père Mal-en-Scène!

LE PÈRE MAL-EN-SCÈNE. Bonjour, boîte à la malice!...

POPULO. Dites donc, votre épaule gauche avance.

LE PÈRE MAL-EN-SCÈNE. Mon épaule gauche?...

POPULO. Elle avance d'un gros quart-

d'heure... et votre ventre retarde de trente-cinq minutes.

LE PÈRE MAL-EN-SCÈNE. Ça sonne creux. Dis donc, Populo... si nous cancanions un peu...

POPULO. Ça me va.

LE PÈRE MAL-EN-SCÈNE.

AIR *des Cancans.*

Cancanons,
Ricanons,
ENSEMBLE.
C'est le bonheur de la vie;
C'est là ma plus chère envie,
Cancanons,
Ricanons,
C'est permis par les canons.

LE PÈRE MAL-EN-SCÈNE.
Que fait le père Chrétien?

POPULO.
Il jure comme un payen.

LE PÈRE MAL-EN-SCÈNE.
Et le père fortuné?

POPULO.
Il s'amus' comme un damné.
Ricanons,
Cancanons, etc.

LE PÈRE MAL-EN-SCÈNE. Quand on a été commissaire de police, on aime toujours à savoir un peu des nouvelles du quartier.

POPULO. Et le père prieur, qui se met tous les soirs des papillotes... et le père gardien qui se brode une pélerine., et le père trésorier qui se tricotte une paire de faux mollets. Mais j'entends ces dames... ou, pour mieux dire, ces messieurs... Motus, père Mal-en-Scène.

SCENE III.

BARBE-BLEUE, BARBE-ROUSSE, BARBE-GRISE, BARBES DE TOUTES COULEURS.

(*Ils ont des frocs et capuchons, le cigarre à la bouche, une bouteille, un verre à chaque main.*)

AIR *du Châlet.*

Vive le vin, l'amour et le tabac,
Car, dans notre couvent,

On est vraiment
Comme au bivouac.
Vive le vin, l'amour et le tabac !
Moines et moinillons,
Chantons
Les refrains du bivouac !
Le vin, le cognac et le rack,
Ça fait du bien à l'estomac,
Vive le vin, l'amour et le tabac!

BARBE-ROUSSE. A ta santé, Barbe-Bleue.

BARBE-BLEUE. A la tienne, Barbe-Grise.

BARBE-GRISE A celle de Barbe-Rousse et des barbes de toute espèce, y compris la barbe de capucin. (*Au père Mal-en-Scène.*) Eh bien, père Mal-en-Scène, vous ne prenez pas la goutte ?

LE PÈRE MAL-EN-SCÈNE. C'est la goutte qui m'a pris.

POPULO. Vieux malin... il a son armoire pleine de ratafia.

BARBE-GRISE. C'est donc aujourd'hui que nous mettons quelqu'un à la porte ?

POPULO, *à part.* Ah!... si cela pouvait être moi !

LE PÈRE MAL-EN-SCÈNE. Oui, nous nommons le portier du couvent... la première dignité en entrant, la porte à gauche.

BARBE-GRISE. J'espère bien, cette fois-ci, que c'est moi qui serai nommé.

BARBE-ROUSSE. Ou moi.

BARBE-BLEUE. Ou moi.

TOUS. Ou moi, ou moi.

POPULO. Comme ça, ils sont sûrs d'avoir tous une voix.

MAL-EN-SCÈNE. Allons, allons, pas de dispute... pour que vous n'oubliez pas l'heure, prenez chacun un coucou de ma façon, et tâchez d'être d'accord.

(Il se débarrasse de ceux qu'il porte et les leur donne.)

POPULO! Père Mal-en-Scène, voilà de la visite qui vous arrive...

BARBE-GRISE. C'est un compagnon que vous envoie Fanfan-Latulipe... ça a l'air d'un jeune homme bien tranquille.

(L'orchestre joue l'air : *J'tappe partout, j'connais rien, j'suis faubourien.*)

SCÈNE IV.

Les Mêmes, JEAN-JEAN.

JEAN-JEAN. Voulez-vous bien me laisser, tas de canaille ?... Vouloir me mettre en cage avec ces oiseaux-là !

LE PÈRE MAL-EN-SCÈNE. Effectivement, il paraît avoir de la vocation.

BARBE GRISE. Mes pères... la cloche du dîner nous appelle à l'office.

(Tous les moines et Populo sortent en reprenant le chœur ; le carillon de l'horloge reprend jusqu'à la sortie : aucun n'est d'accord.)

SCÈNE V.

MAL-EN-SCÈNE, JEAN-JEAN.

(Ils se regardent tous deux ; Mal-en-Scène fait l'aimable ; Jean-Jean lui fait la grimace. Pendant ce tems l'orchestre joue l'air : *Ah ! c'cadet-là, quel pif il a !*)

JEAN-JEAN. Ah ! c'te balle !

LE PÈRE MAL-EN-SCÈNE. Qui êtes-vous, mon fils?

JEAN-JEAN. J'allais vous le demander, mon père... Je suis une victime...

LE PÈRE MAL-EN-SCÈNE. Cloîtrée, on le sait.

JEAN-JEAN. J'ai été fait au même par une vieille tête à perruque... l'ancien saute-ruisseau du vieux commissaire de police, Crécoquin... cet imbécille de Quexadi !

LE PÈRE MAL-EN-SCÈNE. Vous le connaissez.

JEAN-JEAN. Comme si je l'avais élevé... C'est lui qui a payé mes mois de nourrice.

LE PÈRE MAL-EN-SCÈNE. Quexadi !

JEAN-JEAN. Ca dit beaucoup ; c'est à lui que je dois d'avoir été sevré... des plaisirs de mon âge... Il m'élevait pour me faire entrer dans la robe.

LE PÈRE MAL-EN-SCÈNE. Et vous n'aimez pas la robe?

JEAN-JEAN. Distinguons, mon ancien !... j'aime les robes de guingamp, de cachemi-rienne, de stoff, de popeline et de bombazine ornées de manches à gigots.... J'aime aussi les personnes qui ont l'habitude d'en porter... mais beaucoup, beaucoup.

LE PÈRE MAL-EN-SCÈNE. Ainsi vous n'avez pas de goût pour le couvent ?

JEAN-JEAN. Au contraire... pour les couvens de femmes !... Qu'on m'y enferme avec Fleurdinde.

LE PÈRE MAL-EN-SCÈNE. Fleurdinde... son père prêtait à la petite semaine...

JEAN-JEAN. Oui, elle a un père... c'est-à-dire, elle en a eu un... Et moi... moi!... je n'en ai jamais eu !

LE PÈRE MAL-EN-SCÈNE. C'est une bê-tise que vous dites là?... Tout le monde, sans exception, en a un... c'est le moins qu'on puisse en avoir dans la société.

JEAN-JEAN. Qui m'a jeté sur la terre?... Suis-je né dans un château ou dans une cuisine?... Ah! je suis le fils de quelque vieux sapajou qui gémit dans un coin sur ses fredaines passées.

LE PÈRE MAL-EN-SCÈNE, *à part.* Et qui voudrait pouvoir les recommencer.

JEAN-JEAN. D'abord je ne veux pas res-ter ici... je ne sors pas de là... il me faut de l'air... c'est mon refrain.. J'en veux comme un chat-huant, comme un rossignol.

LE PÈRE MAL-EN-SCÈNE. Vous en aurez de l'air!...

JEAN-JEAN. Vrai!... Comme elle est émue cette vieille ganache!

LE PÈRE MAL-EN-SCÈNE. Viens!..... viens... mets la main sur mon cœur... tu sentiras comme il bat!

JEAN-JEAN. On dirait d'une horloge.

LE PÈRE MAL-EN-SCÈNE. Juste, c'en est une petite que j'avais oubliée.

(Il la retire.)

SCENE VI.
LES MÊMES, QUEXADI, POPULO.

(Quexadi entre sur l'air : *Malbroug est mort.* Il est triste et ne voit personne : puis il porte ses regards sur le père Mal-en-Scène.)

QUEXADI. Eh!... quoi! vous!... vous en chair et en os...

LE PÈRE MAL-EN-SCÈNE. Plus bas... (*Ils se baissent tous les quatre.*) je suis mort... J'ai commandé mon enterre-ment pour jeudi prochain.

QUEXADI. Est-ce que Fanfan Latulipe n'a pas eu la folle prétention de me faire inhumer tout vivant dans les carrières de Montmartre.

LE PÈRE MAL-EN-SCÈNE. Si jamais il te fait périr, écris-moi un mot et il ne re-commencera pas.

JEAN-JEAN. Et mon affaire, vieux Cas-sandre... est-ce que je suis planté-là pour reverdir!...

(Ils se relèvent tous.)

LE PÈRE MAL-EN-SCÈNE. Voyons... te-nons conseil... c'est bien le diable si à nous quatre, en réunissant tous nos moyens.... il ne nous vient pas une petite idée.

(Ils toussent tous les quatre, ils se mouchent, ils éternuent, ils crachent, ils fredonnent.)

JEAN-JEAN. C'est là tout ce que vous dites!...

QUEXADI. C'est singulier, quand je cherche une idée je n'en trouve pas... et quand je n'en cherche pas, c'est absolu-ment la même chose...

POPULO. Père Mal-en-Scène... j'ai votre affaire.

LE PÈRE MAL-EN-SCÈNE. Toi!

POPULO. Vous voulez mettre ce Jean-Jean dehors, n'est-ce pas?

LE PÈRE MAL-EN-SCÈNE. Oui.

POPULO. C'est ordinairement le portier qui ouvre la porte!

QUEXADI. Quelquefois c'est la por-tière.

POPULO. Faites-vous nommer...

QUEXADI. Portière?

POPULO. Non, portier.

LE PÈRE MAL-EN-SCÈNE. Pour évincer mes concurrens, il me faudrait un moyen?

POPULO. Neuf?

LE PÈRE MAL-EN-SCÈNE. Pas précisé-ment. Quand il aurait déjà servi, il n'en vaudrait que mieux... L'épreuve en serait faite.

POPULO, *rapportant un livre de la biblio-thèque.* Vous allez trouvez cela... là.

LE PÈRE MAL-EN-SCÈNE, *ouvrant et feuil-letant.* Répertoire du théâtre Français (*Il feuillette.*) Ah! *la Jeunesse de Richelieu, ou le Lovelace Français,* par Monvel. Acte deux, scène III : Richelieu comme César dicte plusieurs lettres à la fois : voici mon affaire! chacun prend son bien où il le trouve... farceur de Monvel... ah! tu t'avises d'inventer mes situations. La séance est ouverte. En place. (*A Quexadi.*) Vous ici. (*A Jean-Jean*) Toi, là... et Populo à genoux.

POPULO. Sur ce grand fauteuil qui me tend les bras... je serais mieux... j'aurais les mouvemens plus libres.

LE PÈRE MAL-EN-SCÈNE. Il y a des mo-mens où il faut se mettre à genoux pour écrire librement; y êtes-vous?

TOUS TROIS. Oui, oui, oui.

LE PÈRE MAL-EN-SCÈNE. Attention, monsieur et ami Barbe-Bleue. (*A Quexadi.*) Mon cher monsieur et cher ami Barbe-Rousse. (*A Populo.*) Mon très cher mon-sieur et très cher ami Barbe-Grise.

JEAN-JEAN. Bleue.

QUEXADI. Rousse.

POPULO. Grise.

LE PÈRE MAL-EN-SCÈNE. Voici ce que je vous écris.

JEAN-JEAN. Cris.

QUEXADI. Cris.

POPULO. Cris.

LE PÈRE MAL-EN-SCÈNE, *à Populo.* Vous aimez le spectacle, n'importe, où il est, (*à Jean-Jean*) pour donner un coup de pied ou un coup d'épaule, vous savez que je suis bon là.(*à Quexadi*)Vous adorez la gibelotte, et en général tout ce qui se confectionne avec le chat ou le lapin. Y êtes-vous?

TOUS TROIS. Oui.

POPULO, *répétant.* Il est.

JEAN-JEAN, *de même.* Bon là.

QUEXADI, *de même.* Le lapin.

LE PÈRE MAL-EN-SCÈNE, *dictant.* (*A Jean-Jean.*) Si je suis portier, je vous ouvre la porte, pour aller à la Courtille. (*A Quexadi.*) Si je suis suisse, je vous fais nommer bedeau chez l'abbé Châtel. (*à Populo*) Si je suis concierge, je vous fais avoir un billet avec droit, pour l'Odéon, aussi tôt qu'il sera ouvert.... maintenant ma griffe... enveloppez le tout de mystère et de pain à cacheter.

Je me sens guilleret comme si j'avais avalé deux petits verres et un royaume... il me semble que j'ai encore mon écharpe dans ma poche, ma canne à la main et ma casquette sur l'oreille... que je commande à ma brigade de sûreté... que je démolis François-les-Bas-Bleus. (*on entend des voix; les trois écrivains ont fini*) Qu'est-ce que j'entends... les voilà!... ils ont l'air confis comme des cornichons.

⦿⦿⦿⦿⦿⦿⦿⦿⦿⦿⦿⦿⦿⦿⦿⦿⦿⦿⦿⦿⦿⦿⦿⦿⦿⦿⦿⦿⦿⦿

SCÈNE VII.

LE PÈRE MAL-EN-SCENE, JEAN-JEAN, BARBE-BLEUE, BARBE-ROUSSE, BARBE-GRISE, MOINES *etc.*

CHŒUR DE ZAMPA.

(*Ils apportent une grosse clef sur un coussin.*)

Amis, rendons tous hommage
Au portier de ce couvent ;

Que cette clef soit le gage
De son pouvoir éminent.

BARBE-GRISE. Ceci... en réponse à la vôtre que nous n'avons pas reçue.

POPULO. Ce n'était pas la peine de se mettre en frais d'adresse.

LE PÈRE MAL-EN-SCÈNE. L'adresse consiste à couper ce qui fait longueur. (*Il va prendre un gros bambou*) Jean-Jean, je te fais cadeau de ce brin d'osier... promets-moi de ne t'en servir... que toutes les fois que tu en auras besoin.

JEAN-JEAN. Pas davantage.... auprès de vous je ressens un plaisir!... où est la porte de sortie, que je m'en aille.

LE PÈRE MAL-EN-SCÈNE, *l'ouvrant.* Je vais te donner de l'air.

POPULO. Et mon passe-partout... il ne servira donc à rien?

LE PÈRE MAL-EN-SCÈNE. Veux-tu bien te taire.

(*Au public.*)

AIR: *Vaudeville du Passe-partout.*

Ce petit drôl', sans y penser, sans doute,
Vient de parler d'un fatal instrument,
Que tout auteur, que tout acteur redoute,
Du premier mot jusques au dénoument.
Daignez, messieurs, excuser sa jeunesse,
Et protégeant nos efforts jusqu'au bout,
Faites ici comme on fait dans la pièce ;
Oubliez votre passe-partout.

(*Coups de tam-tam à l'orchestre.*)

POPULO.

AIR connu.

Silence, silence, silence,
C'est la Juive qui s'avance;
Mais entre nous point de débat,
N'allez pas faire le sabat.

FIN DU TROISIÈME ACTE.

ACTE IV.

SCÈNE PREMIÈRE.

FLEURDINDE, BONNE-A-RIEN.

(Au changement, l'orchestre joue l'air :
Fleurdinde entre la première,
Bonne-à-rien la suit portant un paquet de mou-
choirs blancs.)

FLEURDINDE.

Donne-moi, Bonne-à-Rien, mon douzième mou-
Et dessus son tissu mes larmes vont pleuvoir. [choir,
Sais-tu bien qu'on pourrait sans me faire de peines
Comparer mes deux yeux à deux bornes-fontaines.
On a frappé, je crois, Bonne-à-Rien, vas ouvrir.

(Bonne-à-Rien va à la porte du fond.)

Ah! c'est le bien-aimé, mon cœur vient de l'ouïr...
N'est-ce pas que c'est toi?...

(Bonne-à-rien ouvre la porte, l'Inutile paraît.)

C'est un sergent de ville.

SCÈNE II.

LES MÊMES, L'INUTILE.

L'INUTILE.

Mesdames, j'ai l'honneur...

FLEURDINDE.

Ah! c'est vous, L'Inutile·
Soyez le mal-venu...

L'INUTILE.

Merci, bien obligé...;

FLEURDINDE.

De rien, de rien...

L'INUTILE.

Pour vous, mon maître m'a chargé
De ce petit poulet qui vous fera peu rire...

FLEURDINDE.

Qu'est-ce donc? que veut-il?

L'INUTILE.

Ce qu'il veut, vous traduire.

FLEURDINDE.

Me traduire en français.

L'INUTILE.

Oh! pas de calembourg.. [tour.
Trop d'esprit bien souvent nous joue un mauvais
Vous traduire en police, entendez-vous, la belle?
Police protectrice et correctionnelle...

FLEURDINDE.

A la septième chambre il me ferait aller?
Dans la cage à poulet il voudrait m'emballer?

L'INUTILE.

Il veut de son pouvoir vous donner une marque,

FLEURDINDE.

Me confondre avec les marchands de contremarque,
Les filous, les escrocs... le voleur bonjourien...

L'INUTILE.

Pour toucher votre cœur, il n'a que ce moyen...
Toujours par jugement il a fait des conquêtes.

FLEURDINDE.

Que les grands sont petits! que les petits sont bêtes!

(Allant à son miroir.)

Voyons, suis-je assez bien?.. oui, ces accroche-
[cœurs...
De deux juges au moins me gagneront les cœurs...
Et ce sourire aimable et cet œil en coulisse...

(Elle fait des minauderies.)

Je vais incendier le Palais-de-Justice.

BONNE-A-RIEN.

Elle nous reviendra, quand on a tant d'appas...
Les juges ont des yeux et la loi n'en a pas.
Il me semble qu'ici je n'ai plus rien à faire...
J'entends du bruit, on vient, moi, gardienne sévère,
Pour les laisser entrer je m'apprête à sortir
Et puis dans un instant je m'en vais revenir...

(Elle rentre.)

SCÈNE III.

JEAN-JEAN, QUEXADI.

JEAN-JEAN, escaladant la fenêtre.

Tenez ferme, mon vieux. Que le diable m'emporte
Si je sais maintenant à quoi sert une porte...

QUEXADI, se frottant les reins.

Moyen ingénieux d'introduire les gens,
Et surtout les vieillards de quatre-vingt-dix ans...

JEAN-JEAN.

Holà! hé! Bonne-à-Rien...

SCÈNE IV.

LES MÊMES, BONNE-A-RIEN.

BONNE-A-RIEN.

Quoi! vous? par la croisée...

JEAN-JEAN.

Motus, la vieille, ou bien notre affaire est toisée.

BONNE-A-RIEN.

Pourquoi faire grimper par là ce vieux perclus?..

JEAN-JEAN.

De l'acte précédent ne vous souvient-il plus?..
Nous avions une échelle inutile au troisième,
Je m'en sers pour monter tous deux au quatrième,

QUEXADI.

A peine suis-je entré... je voudrais m'en aller !..
Ils sont encore en bas et tu voudrais filer ?..
Es-tu donc, vieux pédant, descendant de Gribouille
Qui se jette dans l'eau de peur qu'on ne le mouille ?..
Mais où donc est Fleurdinde ?

BONNE-A-RIEN.

Hélas ! au tribunal...

JEAN-JEAN.

Elle au greffe et pourquoi ? je tombe du haut mal !

BONNE-A-RIEN.

On prétend qu'à faux poids aux pratiques trompées,
Elle a pour du porc frais vendu des nœuds d'épées.

JEAN-JEAN.

Mon esprit incertain flotte comme un bouchon,
Et je ne sais si c'est du lard ou du... jambon...
Elle au banc des voleurs comme feu Grédeville...
Ah ! Quexadi, je pleure et comme un imbécille
Que vous êtes...

(Il se jette dans ses bras.)

SCÈNE V.

LES MÊMES , FLEURDINDE.

FLEURDINDE.

Jean-Jean, c'est moi, me revoilà...
Ami, sèche tes pleurs et chantons trou là là...

JEAN-JEAN.

Je te croyais coffrée au dépôt de la Seine.

FLEURDINDE.

Les juges ont remis leur esprit à huitaine...
Mais c'est égal ; fuyons le tribunal jaloux,
Car nous avons commis là, soit dit entre nous,
Plus d'un petit péché de lèze-comédie,
Né de notre alliance avec la tragédie...
Et même nous pourrions , par la loi du bon sens,
Être tous condamnés comme trop innocens...
Vous d'abord, vieux farceur, qui parlez de malice,
Et vous laissez partout pincer comme un jocrisse,
On pourrait, vous disant de bonnes vérités ,
Vous envoyer moucher droit aux Variétés ;
Car , sans vous offenser, savez-vous qui vous êtes ?
Quel rang vous occupez dans l'espèce des bêtes ?..

QUEXADI.

Celui du volatile à Rome si vanté ?

(Fleurdinde fait signe que non.)

Du dindon que la truffe a réhabilité ?

(Fleurdinde fait encore signe que non.)

FLEURDINDE.

Vous êtes cet oiseau qu'en nos ménageries..
Jadis ont importé les îles Canaries...,
Qui mange du millet, du mouron, du plantin,
Bref, pour trancher le mot, vous êtes un serin...

QUEXADI.

Je voudrais m'en aller.

JEAN-JEAN.

Eh bien ! filez sur l'heure,
Amenez-nous un fiacre au bas de sa demeure,
Et quand vous serez là, vous et votre landau ,
Convenons d'un signal, mais d'un signal nouveau.

FLEURDINDE.

Sur la place, caché derrière les baraques,
Frappez...

QUEXADI.

Qui ?

FLEURDINDE.

Dans vos mains et donnez-nous trois claques.

QUEXADI.

C'est un moyen pillé du boulevard... je crois...

(Sortant.)

On a souvent besoin d'un plus petit que soi...

SCÈNE VI.

JEAN-JEAN , FLEURDINDE.

JEAN-JEAN.

Et moi , Fleurdinde , et moi.

FLEURDINDE.

Nul plus que toi n'est brave...
Eh bien ! va te cacher, te cacher dans la cave...

JEAN-JEAN.

Tout seul et sans chandelle ?

FLEURDINDE. *Elle lui donne un rat de cave.*

Oh ! non pas !.. tiens voici...
Pour te guider dans l'ombre, use de ce rat-ci...

JEAN-JEAN , *étendant la main sur le rat de cave*
allumé.

Ce rat de mon amour est l'image fidèle...
Le vent peut le souffler ainsi qu'une chandelle ;
Mais pour renaître encore... et quand ta voix dira:
« Que ce rat se rallume, » il se rallumera...

(Il entre dans la cave.)

SCÈNE VII.

FLEURDINDE, *seule.*

(Elle ferme la porte à la clef.)

Enfermons mon objet; hélas ! le bon apôtre...
Il ne sait pas qu'ici sa Fleurdinde attend l'autre ;
Il va venir avec ses grands air cavaliers
Pour m'offrir des croix d'or, des bijoux, des colliers.
Encor de l'innocence et des grands bras à faire...
Dieu ! que c'est embêtant d'être jeune première...

(L'orchestre joue l'air: Jeune fille aux yeux noirs.)

Le voilà ce farouche ; allons ! pas de pitié !
Ce n'est pas le moment de se moucher du pié...

SCÈNE VIII.

LATULIPE, FLEURDINDE.

LATULIPE.

J'arrive, je le vois, comme mars en carême. [me.
Mais qu'avez-vous, mon chou ? vous êtes pâle et blê-

FLEURDINDE, *achevant d'essuyer son rouge.*

Je viens d'ôter mon rouge et vous parle sans fard.
Vous me faites l'effet d'un fameux cauchemar...
Et dire qu'avec lui, je suis là, je suis seule...

LATULIPE.

Allons, soyons gentille, et surtout pas bégueule.

FLEURDINDE.

Mais si vous me plaisiez... je serais autrement.

LATULIPE.

Je ne te plais pas...

FLEURDINDE.

Non... rien de moins étonnant...
J'ai Jean-Jean dans le cœur et je vous prends en grip-
Fleurdinde n'a jamais pu sentir Latulipe.   [pe ;

LATULIPE.

Redoûte mon courroux, je me ferai sentir.

FLEURDINDE.

En agissant ainsi vous vous ferez zhaïr.

LATULIPE.

Je puis te faire avoir une chambre garnie
A Saint-Lazare ou bien à la Conciergerie...

FLEURDINDE.

Vos guêtres de mes pleurs je m'en vais les noyer.
Faut-il faire encor plus, je vais te tutoyer ;
Mais du moins, laisse-toi, malgré tes propos lestes,
Toucher par ma douleur ou du moins par mes gestes.

(*Imitation.*)

Au nom de la pudeur et de l'effet moral...

LATULIPE.

Il s'agit bien ici... de pudeur...

(*Il s'approche.*)

FLEURDINDE.

Animal !

LATULIPE.

Ah ! vous me comparez au moindre quadrupède !
Prends garde, ou de par Dieu, Satan te soit en aide..
Dans le drame, vois-tu, nous sommes jusqu'au cou,
Et le drame moderne est un vilain coucou...
A défaut de sa dague et de sa bonne lame,
Il rosse volontiers des épaules de femme.

FLEURDINDE.

Ah ! vous vous conduisez, mon cher, comme un por-
Mais parce que j'ai peur ne crois pas m'effrayer. [tier,
J'égratigne d'abord, et c'est fort incommode ;
Car j'ai laissé pousser mes ongles à la mode...

LATULIPE.

Bah ! bah ! je risque tout, même le camouflet ;
J'ai prouvé que je suis au-dessus d'un soufflet...
Je suis un mauvais chien...

FLEURDINDE.

Tu n'es qu'une mazette.

LATULIPE.

Cède...

FLEURDINDE.

Non pas... jouons à la cligne-musette...

(*Elle s'élance autour des meubles, Latulipe la
poursuit, l'orchestre joue l'air : Amusez-vous,
trémoussez-vous, etc.*)

Ce que, dans cet endroit je trouve de piquant,
C'est qu'ici nous faisons un sabbat conséquent,
Que deux personnes sont tout près, au même étage,
Et qu'aucune n'entend notre remue-ménage...

LATULIPE, *l'atteignant et lui prenant la taille.*

Enfin dans mes filets, je tiens donc le poisson.
Ne me résiste plus et suis-moi...

FLEURDINDE, *cherchant en vain à se dégager.*

Polisson !

Gage, si je te dis un mot, une bêtise...
Que ma taille de guêpe à l'instant n'est plus prise.

LATULIPE.

Tu parlerais bédouin que ma main restera.

FLEURDINDE.

Eh bien ! je suis...

LATULIPE.

Va donc...

FLEURDINDE.

Je suis la juive.

(*Latulipe fait un saut en arrière.*)

Ah! ah!

LATULIPE.

Quoi ! la Juive, opéra, dont les charmes lyriques
M'ont déjà procuré deux sommes léthargiques !
Je tremble de la voir, je crains de l'écouter...
Ah ! ma foi, c'est égal, je me laisse tenter ;
Et comme le public, que parfois on condamne,
Fille de Salomon, avec toi je me damne...

(*Bruit horrible de bouteilles cassées en dehors.*)

N'ai-je pas entendu là-bas un léger bruit ?

FLEURDINDE.

Un rat sans doute, ou bien un zéphir qui bruit.

LATULIPE.

Laissez donc, j'ai, je crois, d'assez fortes oreilles ;
On vient de vous casser au moins deux cents bou—
[teilles.

(*Jean-Jean frappe au dehors, Latulipe va à la
porte.*)

FLEURDINDE.

Latulipe, arrêtez, n'entrez pas...

(*A Jean-Jean.*)

Ne sors pas !

Si tu crains le trépas, ne sors pas, pas un pas.

(*La porte se brise, Jean-Jean paraît avec un rat
et son bâton.*)

SCÈNE IX.

LES MÊMES, JEAN-JEAN.

JEAN-JEAN.

Ah ! ah ! c'est donc pour ça qu'avec les pots de bière,
On m'a mis à la cave !.. A nous deux, mon compère.

LATULIPE.

Quoi Jean-Jean dans la cave, orné de ce gourdin !

JEAN-JEAN.

Pour battre tes habits jusqu'à demain matin...

LATULIPE.

Mais, mon cher, en battant mes habits de la sorte,
Avant que la poussière et s'envole et n'en sorte,
Avec votre bambou comme l'homme est dedans,
Vous aurez de ses os fait de la poudre à dents...

JEAN-JEAN.

C'est mon intention.

LATULIPE.

Et ce n'est pas la mienne.

JEAN-JEAN.

Fanfan, défends ta peau.

FLEURDINDE.

Jean-Jean pense à la tienne.

JEAN-JEAN.

Voyons... prends ta flamberge.

LATULIPE.

Et si je ne veux pas?

JEAN-JEAN.

Avec la mienne alors je te casse les bras...
Ou plutôt je te donne, écoute bien la chose,
Des grands coups de ceci...

(Il montre son pied.)

Tu comprends, je suppose;
Dans l'endroit que nommer serait de mauvais ton,
Et que monsieur Arnal choisit dans le *Poltron*,
Quand il veut, corrigeant son crétin d'adversaire,
Sans offenser l'honneur, le frapper par derrière...

LATULIPE.

Veux-tu taire ta langue, ignoble paltoquet?

JEAN-JEAN, *levant son bâton.*

Paltoquet... tiens, tu vas recevoir ton paquet.

FLEURDINDE, *se jetant entre eux et étendant les bras.*

J'établis entre vous un cordon sanitaire...
Arrête, malheureux, c'est...

JEAN-JEAN.

Quoi!

FLEURDINDE.

Le commissaire...

(Jean-Jean laisse tomber son bâton. Fleurdinde le ramasse et l'offre timidement à Latulipe.)

LATULIPE, *au port d'arme avec le bâton.*

Je serai bon enfant, tu peux sortir d'ici;
Et demain je te fais insérer à Poissy...

JEAN-JEAN, *à lui-même.*

Quelle ardoise vient là me tomber sur la tête!
Allons, il faut filer sans tambour ni baguette.

FLEURDINDE.

Vous êtes un féroce... un cœur plus dur encor,
Que l'énorme caillou qu'on nomme le Luxor.

(On entend frapper au dehors trois coups dans la main.)

JEAN-JEAN.

C'est lui...

LATULIPE.

C'est un claqueur, qui du succès complice,
Ose nous étourdir jusque dans la coulisse... [ceux
Qu'on l'empoigne à son tour, qu'on empoigne tous
Qui sont honnêtes gens quand je veux être un gueux;
Qu'on me les expédie en dehors la barrière,
Qu'ils aillent à Montmartre, y finir leur carrière...
Qu'ils n'aient pour se couvrir s'il gèle ou pleut à flots,
Que l'ancien pantalon du vieux Chaudruc-Duclos.
Avec ces chrétiens-là, plus de trève, de pacte...
Je veux en voir la fin...

FLEURDINDE, *faisant la révérence au public.*

Fin du quatrième acte.

(Chacun rentre chez soi. Musique. Le théâtre change.)

FIN DU QUATRIÈME ACTE.

ACTE V.

SCÈNE PREMIÈRE.

QUEXADI , seul.

Ils m'ont conduit ici, j'en suis saisi, transi;
Ma perruque déjà sent un peu le roussi...
Tenter de s'éloigner... c'est la chose inutile.
Ici des argousins, là des sergens de ville,
D'un bureau de police, ornement obligé,
Comment échapperai-je à ce chien enragé,
Dont l'ame est mille fois plus noire que la barbe?
Sa présence me vaut une once de rhubarbe.
Il est si repoussant, lorsqu'il entre en fureur,
Qu'il ferait accoucher une femme de peur!

SCÈNE II.

LATULIPE , QUEXADI.

(Latulipe entre avec une canardière.)

LATULIPE.

Je viens pour procéder à l'interrogatoire.

QUEXADI.

Ciel! une canardière, au lieu d'une écritoire!
Mais c'est une torture, une inquisition...

Jean-Jean don Juan.

LATULIPE.

Quexadi!

QUEXADI.

Me voici!

LATULIPE.

Sois à la question...

QUEXADI.

J'y suis.

LATULIPE.

Dans le couvent des Victimes cloîtrées,
Où sans billet d'auteur Jean-Jean eut ses entrées,
Que s'est-il passé?

QUEXADI.

Rien.

LATULIPE.

Retiens ces mots, vieillard,
Tu vois cet instrument redoutable au canard;
Je n'en manque pas un, et si mon œil t'ajuste...

QUEXADI.

Je suis mort!

LATULIPE.

Pas encor... silence! et réponds juste.
Jean-Jean sait-il qu'il est un produit du hasard?
Mon vieux coquin de père a-t-il à son bâtard...

QUEXADI.

Ton père à ce sujet n'a pas fait de harangue,

2

Dans son étui ton père a renfermé sa langue.

LATULIPE, *armant et ajustant.*

Tu mens... crac...

QUEXADI.

J'ai dit vrai.

LATULIPE, *désarmant.*

Cric.. Alors pourquoi donc
Le don de ce bâton, orné de ce cordon ?

QUEXADI.

Pour qu'il se défendît au sein d'une bagarre.

LATULIPE, *armant son fusil.*

Tu mens... crac...

QUEXADI.

C'est vrai.

LATULIPE, *désarmant.*

Cric... Ainsi le vieil avare
N'a pas touché deux mots de la succession ?

(*Quexadi fait signe que non ; Latulipe fait signe
d'armer, Quexadi persiste, Latulipe désarme.*)

Je veux bien te laisser la respiration.

(*Quexadi se jette à ses genoux.*)

Je t'ai dit, vieux grigou, que je te faisais grâce ;
Jean-Jean paiera pour tous...

QUEXADI.

« Par vos pieds que j'embrasse,
» Non, ou vous me croirez, ou bien de ce malheur,
» Ma mort m'épargnera la vûe et la douleur ;
» On ne me verra point survivre à votre gloire...
» Si vous allez commettre..» Au diable la mémoire !
Je débite à présent du Burrhus... et pourquoi ?

LATULIPE.

La situation t'emporte malgré toi.

QUEXADI.

Quand je devrais, vois-tu, dans cette humble posture
User mon casimir jusques à la doublure,
Je reste en faction.

SCENE III.

LES MÊMES, JEAN-JEAN, FLEURDINDE.

JEAN-JEAN, *entrant.*

Je viens te relever.

(*Il le relève.*)

LATULIPE.

De Poissy comment donc as-tu pu te sauver ?

JEAN-JEAN.

Par la porte.

LATULIPE.

Ah ! c'est vrai.

QUEXADI, *à lui-même.*

C'est la scène cinquième,
Je puis abandonner ce cher enfant que j'aime ..

(*A Jean-Jean.*)

Jean-Jean, bien du plaisir avec ce loup-garou ;
Vous me rappellerez, s'il faut boucher un trou.

SCENE IV.

LATULIPE, FLEURDINDE, JEAN-JEAN.

LATULIPE.

A nous deux maintenant.

(*A Fleurdinde.*)

Quant à toi, bonne apôtre,
Gare à ton casaquin...

FLEURDINDE, *indignée.*

Vous en êtes un autre...

JEAN-JEAN.

Voici le fait, Fleurdinde, à peine en son printems,
Par la septième chambre est condamnée à tems.

FLEURDINDE, *à Latulipe en le câlinant.*

Par un mensonge, un faux, vous pourriez, Latulipe,
Faire casser l'arrêt comme un tuyau de pipe.

LATULIPE.

Je le peux.

(*A Jean-Jean.*)

Et de plus dis un mot, je le veux..
Saisis l'occasion.

JEAN-JEAN.

Je la prends aux cheveux.

LATULIPE.

Fleurdinde deviendra blanche autant qu'elle est
Si tu veux t'en aller...   [blonde,

JEAN-JEAN.

Où ça ?

LATULIPE.

Dans l'autre monde.

JEAN-JEAN.

Au Pérou ?

LATULIPE.

Non, dans l'autre.

JEAN-JEAN.

Au Mississipi ?

LATULIPE.

Non,
Dans l'autre.

JEAN-JEAN.

Au Congo ?

LATULIPE.

Non, dans l'autre.

JEAN-JEAN.

Mais où donc ?
Est-ce au Massachusset ? est-ce à Chandernagore ?

LATULIPE, *avec fureur.*

Dans l'autre.

JEAN-JEAN.

Ah ! je comprends l'horrible métaphore...
Merci, j'aime bien mieux demeurer ici-bas...

FLEURDINDE.

Ah ! laissez-vous toucher !

LATULIPE.

Non...

FLEURDINDE.

J'embrasse vos bas

JEAN-JEAN.

Fanfan, je vous dirai des tirades superbes,
Et pour votre dîner, je jouerai des proverbes ;
Tenez, pour commencer, je vais vous dire ici,
Ce qu'au Gymnase on a justement applaudi.

(Imitation de Ferville.)

FLEURDINDE. Eh bien ?

LATULIPE. J'aime mieux qu'il s'en aille.

JEAN-JEAN. Eh bien ! encore autre chose.

(Imitation d'Arnal.)

LATULIPE, *furieux.*

Pour la deuxième fois, d'elle je te sépare,
Ou bien à l'instant même, elle entre à Saint-Lazare.
Pars !

JEAN-JEAN.

Et si je ne veux pas ?

LATULIPE.

Alors, dis-moi comment
Nous allons faire ici, pour notre dénoûment ?

(Ils cherchent tous trois; on entend en dehors l'air:
Venez à mon secours! *)*

FLEURDINDE. Je crois qu'il nous arrive du renfort.... Ah ! mon Dieu ! qu'est-ce que c'est que tous ces moricauds-là !.. on dirait qu'ils ont été trempés dans une bouteille à l'encre...

SCENE V.

Les Mêmes, CRÉCOQUIN , *porté sur une planche par des Bédouins ; il est lui-même en Bédouin ;* **Bédouins, Peuple, tous les Personnages.**

(Marche sur l'air favori des Bédouins à la Porte-Saint-Martin. Des jongleurs et sauteurs précèdent Crécoquin et font des tours.)

CRÉCOQUIN, *après la marche.*

Je me suis fait Bédouin. C'est par des tours de force
Qu'aujourd'hui le public et se prend et s'amorce.

Que Fleurdinde et Jean-Jean deviennent frère et [sœur.
Je t'arrache Jean-Jean à ce cruel farceur.
Dès aujourd'hui deviens un artiste atlastique,
Je te fais débuter dans leur troupe élastique.

JEAN-JEAN.

Et Fleurdinde ?

CRÉCOQUIN.

Ah ! Fleurdinde... Eh bien ! elle sera...
Elle sera, ma foi, tout ce qu'elle voudra.

(Fleurdinde s'incline avec reconnaissance.)

CRÉCOQUIN, *au public, après les exercices.*

Messieurs :

Je suis le bon génie en aide à maint poète,
Qui vient tout dénouer par un coup de baguette.
Qu'importe, si l'auteur à plaire est parvenu ?
Est-ce moins un plaisir parce qu'il est connu ?
Car après tout ce drame est écrit sans emphase ;
De l'esprit.. il y en a presqu'autant qu'au Gymnase.
Esprit qu'avec talent fait valoir chaque acteur,
L'un naturel et franc, l'autre plein de chaleur.
Et ce gentil Peblo , qui sous l'habit d'un moine,
Jadis au ait tenté jusqu'à feu saint Antoine...
Si Beaumarchais le fit sous un habit mondain,
C'est de la grâce encor, c'est encor Chérubin...
Le Théâtre Français, heureux dans chaque lutte,
Offre un espoir nouveau dans celle qui débute.
Ce n'est pas Mars , oh non ! mais c'est toujours [charmant.
On nous donne une perle au lieu d'un diamant...
Heureux si du reflet de la pièce applaudie,
Un rayon peut jaillir sur notre parodie...
Si , malgré les bravos prodigués à don Juan,
Il vous en reste encor quelques-uns pour Jean-Jean.
Nous nous sommes permis de malignes attaques,
Eh bien! punissez-nous en nous donnant des claques.

(La musique reprend. Les Bédouins font encore quelques tours. Pyramide humaine.)

CHŒUR GENERAL.

Comme c'est nouveau !
Oh !
Que c'est beau !
Quel pinceau
Peut rendre un tel tableau ?
Tout badaud ,
Bien haut
Doit faire écho
Et crier subito
Bravo ! bravo !

(La toile baisse.)

FIN.

IMPRIMERIE DONDEY-DUPRÉ, RUE SAINT-LOUIS, Nº 46, AU MARAIS.

PREMIÈRE ANNÉE DU MAGASIN THÉATRAL,

Prix du volume : 5 fr.

Chaque Volume et chaque Pièce se vendent séparément.

PREMIER VOLUME.

- L'Homme du siècle, drame-hist. 6
- La Visite domiciliaire, drame 5
- Le Royaume des Femmes, folie. 3
- Le Sauveur, coméd. 3 act. 6
- Les Faussaires anglais, mélod. 3
- Le Magasin pittoresque, revue. 3
- Le Serf et le Boyard, mélod. 3
- Le Château d'Uturby, op. com. 3
- L'Amitié d'une jeune fille, mélod. 6
- Je serai Comédien, coméd., 2 acte. 3
- Le Fils de Ninon, drame. 3 actes. 6
- Le Prix de vertu, com.-vaud. 3
- Le Curé Mérino, drame, 3 act. 6
- Le Mari d'une Muse, com.-vaud. 3
- Flore et Zéphir, folie-vaud., 1 act. 3
- Le Domino rose, com.-vaud. 3
- La Chambre de ma femme, com. 3
- Les Quatre âges du Palais-Royal. 6
- Juliette, drame en trois actes. 6
- Une Dame de l'Empire, com.-v. 3
- La Paysanne demoiselle, vaud. 6
- Un Soufflet, com.-vaud., 1 acte. 3
- Les Liaisons dangereuses, drame. 6
- Le Doigt de Dieu, drame, 1 acte. 3
- La Fille du Cocher, com.-vaudev. 3

DEUXIÈME VOLUME.

- Théophile, com.-vaud., un acte. 3
- L'Oraison de St Julien, com.-vaud. 3
- La Vénitienne, drame, 5 actes. 6
- L'Honneur dans le crime, drame. 6
- Un bal de domestiques, vaudev. 3
- Les Charmettes, comédie. 3
- Pécheret l'empailleur, vaud. 3
- L'Aiguillette bleue, vaud. histor. 3
- Les Mal-Contents de 1579, drame. 6
- Une Chanson, drame-vaud. 3
- Le Dernier de la famille, com.-v. 3
- L'Apprenti, vaudev. en un acte. 3
- Le Triolet bleu, com.-vaud. 6
- Salvoisy, vaud. en deux actes 6
- Une Aventure sous Charles IX. 6
- Lestocq, opéra-comiq. 4 actes. 6
- Turiaf-le-Pendu, vaud., un acte. 3
- Artiste et artisan, com.-vaudev. 3
- L'Aspirant de marine, op.-com. 3
- Un Ménage d'ouvriers, com.-vaud. 3
- L'Interprète, com.-vaud., 1 acte. 3
- Un enfant, drame en 4 actes. 6
- Le Capitaine Roland, com.-vaud. 3
- La Tour de Babel, revue épisod. 3
- La Nappe et le Torchon, com.-v. 6

TROISIÈME VOLUME.

- Les Duels, com.-vaud., 2 actes. 6
- Vingt ans plus tard, vaud. 3
- L'Angelus, opéra-comique, 1 acte. 3
- Un Secret de famille, drame 6
- Les Dernières scènes de la Fronde. 3
- La Robe déchirée, com.-vaud. 3
- Le Commis et la Grisette, vaud. 3
- Lionel où mon avenir, vaud. 6
- Heureuse comme une princesse. 6
- La Cinquantaine, com.-vaud. 3
- Prêtez-moi cinq francs, mélod. 6
- Un caprice de femme, op.-com. 3
- L'Impératrice et la Juive, drame. 6
- Le Capitaine de vaisseau, vaud. 6
- Les Sept péchés capitaux, vaud. 3
- Le Juif Errant, drame fantastiq 6
- Deux femmes contre un homme. 6
- Le Septuagénaire, drame, 4 actes. 6
- Gribouille, extravagance. 6
- La Frontière de Savoie, vaud. 3
- Les Deux borgnes, folie-vaud. 3
- La Toque bleue, vaud. 1 acte. 3
- Charles III, ou l'Inquisition. 6
- Deux de moins, com.-vaud 3
- Jacquemin roi de France, c.-vaud. 3

QUATRIÈME VOLUME.

- Les Immoralités, comédie. 3
- La Lectrice, vaudev., 2 actes. 6
- Le Comte de St-Germain. 6
- L'École des Ivrognes. 3
- Les Bons maris, com.-vaud. 3
- La Famille Moronval, drame. 3
- Morin, drame en cinq actes. 6
- La Tempête, folie-vaud., 1 acte 3
- Mon seul Grandet, vaudev. 6
- Le Juif-Errant, vaud., 3 actes. 3
- La Filature, vaud. en 3 actes. 3
- Le Marchand Forain, op.-com. 3
- L'Idiote, comédie-vaudev. 3
- Les Tours Notre-Dame, vaud. 3
- Le Mari de la Favorite, comédie 6
- Lord Byron à Venise, comédie. 6
- La Vie de Napoléon, scène épis. 3
- La Vieille Fille, com.-vaudev. 3
- Latude, mélodrame historique. 6
- Georgette, vaudev. 3
- Le For l'Evêque, vaud. 6
- Le Ramoneur, vaudeville. 3
- La Sentinelle perdue, op.-comiq. 3
- Au Rideau ! vaudeville. 3

Deuxième Année. Prix du Volume : 6 fr.

PREMIER VOLUME.

- Frétillon, vaud. en cinq actes. 8
- La Femme qu'on n'aime plus, c.-v. 4
- 1834 et 1835, revue épis. en un acte. 4
- Le Tapissier, com. en trois actes. 4
- La Fille de l'Avare, vaud. en 2 a. 3
- L'Autorité dans l'embarras, v. 3 a. 4
- Dolly, drame en trois actes. 4
- Les Chauffeurs, méla. en 3 actes. 4
- Les deux Nourrices, v. en un acte. 4
- Les Pages de Bassompierre, c. 1 a. 4
- Au Clair de la Lune, v. en 3 a. 4
- Farinelli, com.-hist. en trois actes. 8
- La Nonne sanglante, d. en 5 actes. 4
- Marmitons et Grands Seigneurs, v. 4
- La Marquise, opé.-com. en 1 acte. 4
- Fieh Tong-Khan, vaud. en 1 acte. 4
- Les Gants jaunes, vaud. en 1 acte. 4
- Mon ami Polyte, v. en un acte. 4
- Le Cheval de Bronze, op.-f. 3 act. 4
- Les Beignets à la Cour, c. en 2 a. 4
- Le Père Goriot, vaud. en 5 actes. 8

DEUXIÈME VOLUME.

- Fleurette, drame en 3 actes. 8
- Anacharsis, vaud. en 1 acte. 4
- La Traite des noirs, drame. 8
- Manette, com. vaud. un acte. 4
- Karl, drame en quatre actes. 8
- La Croix d'or, c.-vaud. 2 act. 4
- Un Père, mélodrame, 3 a. 4
- Le Vendu, tableau pop. 1 a. 4
- Jeanne de Flandre, mélod. 8
- L'If de Croissy, com.-vaud. 4
- Une Chaumière et son cœur. 8
- Cornaro, parodie d'Angelo. 4
- Une Camarade de pension 3 a. 8
- Cromwell, drame, 5 actes. 8
- Marais pontffs, vaudeville, 2 a. 4
- Mathilde, comédie en 3 actes. 8
- Omore du mari, vaud. 1 act. 4
- Amours de Faublas, ballet 3 a. 8
- Porte-faix, opéra-comique, 3 a. 8
- On ne passe pas, vaud. 1 a. 4

TROISIÈME VOLUME.

- Ma Femme et mon Parapluie. 4
- Micheline, opéra-com. 1 a. 4
- Le Violon de l'Opéra, 1 acte. 4
- La Prova, opéra buffa, 1 act. 4
- Alda, opéra-comique, 1 act. 4
- Jacques II, drame en 4 actes. 8
- Mon Bonnet de nuit, vaud. 4
- Fille mal élevée, com.-v., 2 a. 8
- La Berline de l'Émigré, dr. 8
- Un de ses Frères, vaud. 4
- Les Deux Reines, op.-com. 8
- La Mère et la Fiancée. 4
- Le Curé de Champaubert. 8
- L'Habit ne fait pas le moine. 4
- Marguerite de Quélus, d. 3 a. 8
- Les Mineurs, mélod. 3 actes. 8
- L'Agnès de Bellaville, 3 actes. 4
- Plus de jeudi, vaud. 2 actes. 4
- Les Créoles, com.-vaud. 2 act. 8
- Pauvre Jacques ! com.-vaud. 1 a 4

QUATRIÈME VOLUME.

- Un roi en vacances, vaud. 3 a. 8
- Madelon Friquet, vaud. 1 act. 8
- L'Aumonier du régiment, 1 a 4
- L'Octogénaire, com.-vaud. 1 a 4
- Chérubin, com-vaud. 2 actes. 4
- Cosimo, opéra bouffon, 2 actes 8
- Testament de Piron, 1 act. 4
- La Périchole, vaud. 1 acte. 4
- Un Mariage sous l'empire. 4
- La Pensionnaire mariée, c.-v. 8
- Le Jugement de Salomon, 1 a 4
- Le Mariage raisonnable, c. 2 a 4
- La Tirelire, com-vaud. 1 a. 4
- Les Bédouins en voyage. 4
- La femme qui se venge, vaud. 4
- La Tache de sang, drame 3 a. 8
- Toniotto, drame, 3 actes. 8
- La Savonnette impériale, vaud. 8
- André, vaud. 2 actes 8
- En Attendant, com.-vaud. 2 a. 4

Troisième Année.

PREMIER VOLUME.

- La Femme du peuple, tabl. 4
- Zazezizozu, féerie en 4 actes. 8
- La Fille de Cromwell, vaud. 4
- Jean-Jean, Parodie en 5 actes 8
- La Sonnette de nuit, c.-v. 1 a. 4
- Une loi anglaise, com.-v. 2 a. 4

Supplément.

PREMIER VOLUME.

- Un de plus com.-v. 3 actes. 8
- L'Ambitieux, com. 5 actes. 8
- Le Procès du maréchal Ney, 4 actes. 4
- Une Passion, vaud. 1 acte. 4
- Estelle, coméd-vaud. un acte 4
- Antony, drame quatre actes par M. Alex. Dumas. 8
- Mari de la Veuve, com. 1 a. par M. Alex. Dumas. 4
- Atar-Gull, mélodrame 4 actes 8
- Gillette de Narbonne, v. 3 a. 6
- Les Enfans d'Edouard, tragéd. en 5 a., par M. C. Delavigne. 8
- Mad. d'Egmont comédie 5 act. 8
- Catherine Howard drame. 8
- La Prima Dona, vaud. 1 acte. 4
- Être aimé ou mourir, coméd. 4
- Une Mère, drame en 1 acte. 4
- Charles VII, par M. A. Dumas. 8
- Mademoiselle Marguerite. 4
- Etienne et Robert, 2 actes. 8
- Bouffon du prince, 2 actes. 8
- La Consigne, com-vaud. 1 a. 4

DEUXIÈME VOLUME.

- Marino Faliero, tragédie en 5 actes de M. C. Delavigne. 8
- Napoléon, par Alex. Dumas. 8
- Charlotte, drame en 3 actes. 6
- Les Enragés, tableau villageois. 4
- Angèle, drame en 5 actes par M. Alexandre Dumas. 8
- L'Homme du monde, dr. 5 a. 8
- Les Roués, vaud. 5 actes. 4
- Thérèsa, drame en cinq actes par Alex. Dumas. 8
- Le Conseil de révision, v. 1 a. 4
- La Chambre ardente, dr. 5 a. 4
- Cotillon III, c.-v. en acte. 4
- Le Moine, drame en 4 actes. 4
- Reine, Cardinal et Page, vaud. 4
- Les Jours gras sous Charles IX, vaud. 3 actes. 8
- Père et Parrain, vaud. 2 act. 4
- Jeanne Vaubernier, com. 3 a. 8
- Les deux Divorces, com.-v. 1 a. 4
- Indiana, drame en 5 parties. 8

Les Pièces contenues dans le Magasin Théâtral, étant la propriété de l'Éditeur, ne feront partie d'aucune autre publication à bon marché.